Modern Zulu Verbs

Master the simple tenses of the Zulu language

Modern Zulu Verbs
Master the simple tenses of the Zulu language

kasahorow Editors

Nadika III

2015-07-01
Spelling convention: Modern Zulu

Contents

1 Regular Verbs

Practice makes perfect.

So master the basic tenses by practicing with these regular verbs.

Each verb is conjugated in three basic tenses--yesterday, today, and tomorrow--as an example.

Practice makes perfect. Go on and conjugate boldly!

kasahorow

1.1 ukucela - to ask

TODAY
mina ngiyacela [I ask]
wena uyacela [you ask]
yena uyacela [she asks]
thina siyacela [we ask]
nina niyacela [yous ask]
bona bayacela [they ask]

YESTERDAY
mina ngicelile [I asked]
wena nicelile [you asked]
yena ucelile [she asked]
thina sicelile [we asked]
nina nicelile [yous asked]
bona bacelile [they asked]

TOMORROW
mina ngizocela [I will ask]
wena uzocela [you will ask]
yena uzocela [she will ask]
thina sizocela [we will ask]
nina nizocela [yous will ask]
bona bazocela [they will ask]

1.2   ukugeza - to bath

TODAY

mina ngiyageza [I bath]
wena uyageza [you bath]
yena uyageza [she bathes]
thina siyageza [we bath]
nina niyageza [yous bath]
bona bayageza [they bath]

YESTERDAY

mina ngigezile [I bathed]
wena nigezile [you bathed]
yena ugezile [she bathed]
thina sigezile [we bathed]
nina nigezile [yous bathed]
bona bagezile [they bathed]

TOMORROW

mina ngizogeza [I will bath]
wena uzogeza [you will bath]
yena uzogeza [she will bath]
thina sizogeza [we will bath]
nina nizogeza [yous will bath]
bona bazogeza [they will bath]

1.3   ukuwoza - to come

TODAY
mina ngiyawoza [I come]
wena uyawoza [you come]
yena uyawoza [she comes]
thina siyawoza [we come]
nina niyawoza [yous come]
bona bayawoza [they come]

YESTERDAY
mina ngiwozile [I came]
wena niwozile [you came]
yena uwozile [she came]
thina siwozile [we came]
nina niwozile [yous came]
bona bawozile [they came]

TOMORROW
mina ngizowoza [I will come]
wena uzowoza [you will come]
yena uzowoza [she will come]
thina sizowoza [we will come]
nina nizowoza [yous will come]
bona bazowoza [they will come]

1.4 ukukhala - to cry

TODAY

mina ngiyakhala [I cry]
wena uyakhala [you cry]
yena uyakhala [she cries]
thina siyakhala [we cry]
nina niyakhala [yous cry]
bona bayakhala [they cry]

YESTERDAY

mina ngikhalile [I cried]
wena nikhalile [you cried]
yena ukhalile [she cried]
thina sikhalile [we cried]
nina nikhalile [yous cried]
bona bakhalile [they cried]

TOMORROW

mina ngizokhala [I will cry]
wena uzokhala [you will cry]
yena uzokhala [she will cry]
thina sizokhala [we will cry]
nina nizokhala [yous will cry]
bona bazokhala [they will cry]

1.5   ukudansa - to dance

TODAY
mina ngiyadansa [I dance]
wena uyadansa [you dance]
yena uyadansa [she dances]
thina siyadansa [we dance]
nina niyadansa [yous dance]
bona bayadansa [they dance]

YESTERDAY
mina ngidansile [I danced]
wena nidansile [you danced]
yena udansile [she danced]
thina sidansile [we danced]
nina nidansile [yous danced]
bona badansile [they danced]

TOMORROW
mina ngizodansa [I will dance]
wena uzodansa [you will dance]
yena uzodansa [she will dance]
thina sizodansa [we will dance]
nina nizodansa [yous will dance]
bona bazodansa [they will dance]

1.6   ukuphuza - to drink

TODAY

mina ngiyaphuza [I drink]
wena uyaphuza [you drink]
yena uyaphuza [she drinks]
thina siyaphuza [we drink]
nina niyaphuza [yous drink]
bona bayaphuza [they drink]

YESTERDAY

mina ngiphuzile [I drank]
wena niphuzile [you drank]
yena uphuzile [she drank]
thina siphuzile [we drank]
nina niphuzile [yous drank]
bona baphuzile [they drank]

TOMORROW

mina ngizophuza [I will drink]
wena uzophuza [you will drink]
yena uzophuza [she will drink]
thina sizophuza [we will drink]
nina nizophuza [yous will drink]
bona bazophuza [they will drink]

1.7 ukuukudla - to eat

TODAY
mina ngiyaukudla [I eat]
wena uyaukudla [you eat]
yena uyaukudla [she eats]
thina siyaukudla [we eat]
nina niyaukudla [yous eat]
bona bayaukudla [they eat]

YESTERDAY
mina ngiukudlile [I ate]
wena niukudlile [you ate]
yena uukudlile [she ate]
thina siukudlile [we ate]
nina niukudlile [yous ate]
bona baukudlile [they ate]

TOMORROW
mina ngizoukudla [I will eat]
wena uzoukudla [you will eat]
yena uzoukudla [she will eat]
thina sizoukudla [we will eat]
nina nizoukudla [yous will eat]
bona bazoukudla [they will eat]

1.8   ukuhamba - to go

TODAY
mina ngiyahamba [I go]
wena uyahamba [you go]
yena uyahamba [she goes]
thina siyahamba [we go]
nina niyahamba [yous go]
bona bayahamba [they go]

YESTERDAY
mina ngihambile [I went]
wena nihambile [you went]
yena uhambile [she went]
thina sihambile [we went]
nina nihambile [yous went]
bona bahambile [they went]

TOMORROW
mina ngizohamba [I will go]
wena uzohamba [you will go]
yena uzohamba [she will go]
thina sizohamba [we will go]
nina nizohamba [yous will go]
bona bazohamba [they will go]

1.9 ukuhleka - to laugh

TODAY
mina ngiyahleka [I laugh]
wena uyahleka [you laugh]
yena uyahleka [she laughs]
thina siyahleka [we laugh]
nina niyahleka [yous laugh]
bona bayahleka [they laugh]

YESTERDAY
mina ngihlekile [I laughed]
wena nihlekile [you laughed]
yena uhlekile [she laughed]
thina sihlekile [we laughed]
nina nihlekile [yous laughed]
bona bahlekile [they laughed]

TOMORROW
mina ngizohleka [I will laugh]
wena uzohleka [you will laugh]
yena uzohleka [she will laugh]
thina sizohleka [we will laugh]
nina nizohleka [yous will laugh]
bona bazohleka [they will laugh]

1.10 ukudlala - to play

TODAY
mina ngiyadlala [I play]
wena uyadlala [you play]
yena uyadlala [she plays]
thina siyadlala [we play]
nina niyadlala [yous play]
bona bayadlala [they play]

YESTERDAY
mina ngidlalile [I played]
wena nidlalile [you played]
yena udlalile [she played]
thina sidlalile [we played]
nina nidlalile [yous played]
bona badlalile [they played]

TOMORROW
mina ngizodlala [I will play]
wena uzodlala [you will play]
yena uzodlala [she will play]
thina sizodlala [we will play]
nina nizodlala [yous will play]
bona bazodlala [they will play]

1.11 ukugijima - to run

TODAY
mina ngiyagijima [I run]
wena uyagijima [you run]
yena uyagijima [she runs]
thina siyagijima [we run]
nina niyagijima [yous run]
bona bayagijima [they run]

YESTERDAY
mina ngigijimile [I ran]
wena nigijimile [you ran]
yena ugijimile [she ran]
thina sigijimile [we ran]
nina nigijimile [yous ran]
bona bagijimile [they ran]

TOMORROW
mina ngizogijima [I will run]
wena uzogijima [you will run]
yena uzogijima [she will run]
thina sizogijima [we will run]
nina nizogijima [yous will run]
bona bazogijima [they will run]

1.12 ukumemeza - to shout

TODAY
mina ngiyamemeza [I shout]
wena uyamemeza [you shout]
yena uyamemeza [she shouts]
thina siyamemeza [we shout]
nina niyamemeza [yous shout]
bona bayamemeza [they shout]

YESTERDAY
mina ngimemezile [I shouted]
wena nimemezile [you shouted]
yena umemezile [she shouted]
thina simemezile [we shouted]
nina nimemezile [yous shouted]
bona bamemezile [they shouted]

TOMORROW
mina ngizomemeza [I will shout]
wena uzomemeza [you will shout]
yena uzomemeza [she will shout]
thina sizomemeza [we will shout]
nina nizomemeza [yous will shout]
bona bazomemeza [they will shout]

1.13   ukucula - to sing

TODAY
mina ngiyacula [I sing]
wena uyacula [you sing]
yena uyacula [she sings]
thina siyacula [we sing]
nina niyacula [yous sing]
bona bayacula [they sing]

YESTERDAY
mina ngiculile [I sang]
wena niculile [you sang]
yena uculile [she sang]
thina siculile [we sang]
nina niculile [yous sang]
bona baculile [they sang]

TOMORROW
mina ngizocula [I will sing]
wena uzocula [you will sing]
yena uzocula [she will sing]
thina sizocula [we will sing]
nina nizocula [yous will sing]
bona bazocula [they will sing]

1.14 ukuhlala - to sit

TODAY

mina ngiyahlala [I sit]
wena uyahlala [you sit]
yena uyahlala [she sits]
thina siyahlala [we sit]
nina niyahlala [yous sit]
bona bayahlala [they sit]

YESTERDAY

mina ngihlalile [I sat]
wena nihlalile [you sat]
yena uhlalile [she sat]
thina sihlalile [we sat]
nina nihlalile [yous sat]
bona bahlalile [they sat]

TOMORROW

mina ngizohlala [I will sit]
wena uzohlala [you will sit]
yena uzohlala [she will sit]
thina sizohlala [we will sit]
nina nizohlala [yous will sit]
bona bazohlala [they will sit]

1.15   ukulala - to sleep

TODAY
mina ngiyalala [I sleep]
wena uyalala [you sleep]
yena uyalala [she sleeps]
thina siyalala [we sleep]
nina niyalala [yous sleep]
bona bayalala [they sleep]

YESTERDAY
mina ngilalile [I slept]
wena nilalile [you slept]
yena ulalile [she slept]
thina silalile [we slept]
nina nilalile [yous slept]
bona balalile [they slept]

TOMORROW
mina ngizolala [I will sleep]
wena uzolala [you will sleep]
yena uzolala [she will sleep]
thina sizolala [we will sleep]
nina nizolala [yous will sleep]
bona bazolala [they will sleep]

1.16 ukukhuluma - to talk

TODAY
mina ngiyakhuluma [I talk]
wena uyakhuluma [you talk]
yena uyakhuluma [she talks]
thina siyakhuluma [we talk]
nina niyakhuluma [yous talk]
bona bayakhuluma [they talk]

YESTERDAY
mina ngikhulumile [I talked]
wena nikhulumile [you talked]
yena ukhulumile [she talked]
thina sikhulumile [we talked]
nina nikhulumile [yous talked]
bona bakhulumile [they talked]

TOMORROW
mina ngizokhuluma [I will talk]
wena uzokhuluma [you will talk]
yena uzokhuluma [she will talk]
thina sizokhuluma [we will talk]
nina nizokhuluma [yous will talk]
bona bazokhuluma [they will talk]

1.17 ukuhamba - to walk

TODAY
mina ngiyahamba [I walk]
wena uyahamba [you walk]
yena uyahamba [she walks]
thina siyahamba [we walk]
nina niyahamba [yous walk]
bona bayahamba [they walk]

YESTERDAY
mina ngihambile [I walked]
wena nihambile [you walked]
yena uhambile [she walked]
thina sihambile [we walked]
nina nihambile [yous walked]
bona bahambile [they walked]

TOMORROW
mina ngizohamba [I will walk]
wena uzohamba [you will walk]
yena uzohamba [she will walk]
thina sizohamba [we will walk]
nina nizohamba [yous will walk]
bona bazohamba [they will walk]

1.18   ukusebenza - to work

TODAY

mina ngiyasebenza [I work]
wena uyasebenza [you work]
yena uyasebenza [she works]
thina siyasebenza [we work]
nina niyasebenza [yous work]
bona bayasebenza [they work]

YESTERDAY

mina ngisebenzile [I worked]
wena nisebenzile [you worked]
yena usebenzile [she worked]
thina sisebenzile [we worked]
nina nisebenzile [yous worked]
bona basebenzile [they worked]

TOMORROW

mina ngizosebenza [I will work]
wena uzosebenza [you will work]
yena uzosebenza [she will work]
thina sizosebenza [we will work]
nina nizosebenza [yous will work]
bona bazosebenza [they will work]

Zulu kasahorow

0-7 years

- My First Zulu Dictionary
- My First Zulu Counting Book
- My First Zulu Story
- Zulu Children's Dictionary
- Everyday Zulu Rhymes

8-12 years

- Modern Zulu Verbs
- Modern Zulu
- Zulu Learner's Dictionary

13+ years

- Modern Zulu Dictionary
- Modern Zulu Bible
- Read more. Search for **Zulu kasahorow**

help@kasahorow.org

Printed in Great Britain
by Amazon.co.uk, Ltd.,
Marston Gate.